BEI GRIN MACHT SICH IHR WISSEN BEZAHLT

- Wir veröffentlichen Ihre Hausarbeit, Bachelor- und Masterarbeit

- Ihr eigenes eBook und Buch - weltweit in allen wichtigen Shops

- Verdienen Sie an jedem Verkauf

Jetzt bei www.GRIN.com hochladen und kostenlos publizieren

GRIN

Sarah Fuhrken

Geschichte Zusammenfassung Abitur 2013

GRIN Verlag

Bibliografische Information der Deutschen Nationalbibliothek:

Die Deutsche Bibliothek verzeichnet diese Publikation in der Deutschen National-
bibliografie; detaillierte bibliografische Daten sind im Internet über http://dnb.d-
nb.de/ abrufbar.

Impressum:

Copyright © 2013 GRIN Verlag GmbH
Druck und Bindung: Books on Demand GmbH, Norderstedt Germany
ISBN: 978-3-656-73399-7

Dieses Buch bei GRIN:

http://www.grin.com/de/e-book/279662/geschichte-zusammenfassung-abitur-2013

Krisen, Umbrüche und Revolutionen

Zusammenfassung Geschichte, 1. Semester

THEORIEN UND MODELLE ZU UMBRUCHSITUATIONEN

Was ist eine Krise?
- massive Störung des gesellschaftlichen, politischen oder wirtschaftlichen Systems
- Indikator für einen epochalen Umbruch
- können sowohl einzelne Wirtschaftsbereiche (zB. Stahl- oder Textilindustrie), als auch die gesamte Weltwirtschaft betreffen
- man spricht von einer Krise, wenn das Krisenbewusstsein bei den Menschen vorhanden ist
- Krisen erfordern einen Entschluss zum Handeln zur Überwindung

Merkmale
- Offene Prozesse, bei denen das Ergebnis nicht festgelegt ist
- Gefolgt von tiefgreifenden Veränderungen
- Naturereignisse können Krisen auslösen oder verstärken
- Betreffen mehrere Bereiche des gesellschaftlichen Lebens

Was ist eine Reform?
- Umgestaltung, Neuordnung größeren Umfangs
- Verbesserung des Ausgangszustandes

Was ist eine Revolution?
- Umbruch durch Putsch oder Staatsstreich
- schnelle, tiefgreifende Veränderungen in allen Bereichen des Lebens
- gegen das politische System, die derzeitige Herrschaft gerichtet
- hervorgerufen durch tiefe Unzufriedenheit des Volkes
- an deren Ende steht tief greifender Umbau eines Staates
- bewusst angestrebte Umwälzung
- soll zu Fortschritt der Menschheit führen
- meist durch gewaltsame Aktionen ausgelöst
- offener Widerstand gegen bestehende Ordnung

Merkmale
- Unterbrechung von Entwicklung
- Gewalt
- Freiheitsvorstellungen
- Austausch von Personen in Machtpositionen

Historischer Materialismus:
- Gesellschaftstheorie nach Karl Marx und Friedrich Engels
- „Kampf der Gegensätze"
- Entwicklung der Gesellschaft durch Wandel der ökonomischen Verhältnisse
- Alles geht von einem Urkommunismus aus, der zu Klassengesellschaften führt, die dann durch die sozialistische Revolution überwunden wird
- im Kapitalismus kann man nur zerstören, denn neu gebildetes wird sich wieder erheben und zerstören

Theorien zur allgemeinen Ursache von Wirtschaftskrisen & nötigen Maßnahmen:

Keynesianismus	<ul><li>noch heute einflussreich</li><li>Leistungsfähigkeit der Marktwirtschaft</li><li>keine Verstaatlichung</li><li>Staat muss Konjunktur ankurbeln</li><li>Nachfrage verstärken & Beschäftigung sichern (je mehr Einkommen, desto stärker die Nachfrage)</li><li>mangelnde Nachfrage ist Hauptgrund</li><li>Verschuldung des Staates</li></ul>
Monetarismus	<ul><li>Denkschule von Friedman</li><li>Ablehnung staatlicher Interventionen</li><li>Notenbanken sollen Geldmenge erhöhen</li><li>→ Unternehmen hätten mehr Kapital</li><li>Rückgang der Geldmenge ist Hauptgrund</li></ul>
Schumpeter	<ul><li>gegen jegliche Eingriffe des Staates in Wirtschaft und Geldsystem</li><li>Interventionen verzögern Erneuerung</li><li>schöpferische Zerstörung</li><li>verschuldete Unternehmen untergehen lassen → starke können sich erholen</li></ul>
Klassischer Liberalismus	<ul><li>Selbstheilungskräfte des Marktes (Kreislauf)</li><li>Freiheit für die Wirtschaft</li><li>Gleichgewicht zwischen Angebot und Nachfrage</li><li>Vollbeschäftigung ist Normalzustand</li></ul>
Werner Plumpe	<ul><li>zyklische Krisen für moderne Wirtschaft typisch & überschaubar</li><li>wichtige Rolle im ökonomischen Strukturwandel → heutige Wirtschaft</li><li>Konjunkturzyklus: Zeitraum, in dem die Wirtschaft einzelne Konjunkturphasen von Aufschwung bis nächstem Aufschwung durchläuft</li><li>Krisen vermeiden heißt u.U. Strukturwandel aufzuhalten</li></ul>

Modernisierungstheorien
Der Prozess der Modernisierung
- Übernahme der europäischen Kultur in der dritten Welt
- Wandel nach den Revolutionen im 18. Jahrhundert
- Sehr schneller Wandel in allen Bereichen des Lebens (ökonomisch, sozial, kulturell, politisch)
- Positives an dem Begriff „ Modernisierung":
  - → Wandlungsprozesse können leichter untersucht werden
  - → Um Geschichten von einzelnen Gesellschaften zusammenfassen oder verbinden zu können, brauchen wir das „universalgeschichtliche Konzept" der Modernisierung
- Kritik an dem Begriff der „Modernisierung":
  - → keine Ordnung
  - → Normensetzung führt zu einem Ideal der Modernisierung

Wehler:
Moderner Staat braucht:
- Markwirtschaft, der vom Staat Grenzen gesetzt werden können
- Soziale Durchlässigkeit
- Kontrollierte, politische Herrschaft (Wahlen, Demokratie etc.)
- Trennung von Staat und Kirche (Rationalität in staatlichen Entscheidungsfragen)

	Traditional	Modern
Alphabetismus	gering	hoch
Berufe	einfach, gleichbleibend	ausdifferenziert, wechselnd
Einkommen	niedrig, große Differenz	hoch, rel. ausgeglichen
Herrschaft	lokal, personal	zentral, anonym
Kommunikation	personal	Medien
Soziale Kontrolle	direkt, personal	indirekt, bürokratisch
Lebenserwartung	gering	hoch
Mobilität	gering	hoch
Normen	konsistent	inkonsistent
Organisationsgrad	niedrig	hoch
Politische Partizipation	gering	groß
Recht	religiös, persönlich	abstrakt, formelle Verträge
Religion	Dogmatik, mit Staat	Trennung vom Staat
Schichten	Stände	auf Berufsstatus basierend
Technik	gering	hoch
Wirtschaft	agrarische Industrie	technische Industrie

DIE WELTWIRTSCHAFT IN DER KRISE

Wirtschafts- und Finanzkreislauf nach dem 1. Weltkrieg:
- Russland verkauft Getreide zu Niedrigpreisen in die USA → USA hat Überproduktion ohne Abnehmer
- USA gibt kurzfristige Kredite an Verlierer des Ersten Weltkrieges (Deutsches Reich) → diese zahlen Reparationen an Siegermächte → Siegermächte begleichen Kredite bei USA

Wirtschaftsaufschwung:
- nach WW1 USA als führende Finanz- und Wirtschaftsmacht
- neue Produkte: Kühlschränke, Kunststoff, Staubsauger, Autos, etc.
- → neue Wirtschaftsbranchen
- Banken vergaben Kredite an Kleinverdiener → diese leisten sich neue Sachen → Wirtschaftsleistung steigt
- **Konjunktur**: wirtschaftliche Gesamtlage
- **Planwirtschaft**: Wirtschaft wird vom Staat gelenkt, alles geht nach Plan
- **Marktwirtschaft**: Wirtschaft wird durch freien Markt geregelt

Aktienbörsen:
- ab 1924 boomten Aktienmärkte
- Optimismus der Menschen übertrug sich auf Kurse
- 1927 deutliche Zinssenkung der Zentralbank → mehr Investitionen
- Vertrauen in Wirtschaftskraft der Unternehmen
- schwunghafter Aktienhandel
- viele Kredite aufgenommen um mitzubieten

Umschwung:
- Steigerung der landwirtschaftlichen Produktion nach 1. Weltkrieg
- → Landwirte verschuldeten sich um zu expandieren
- andauernde Überproduktion führte zu sinkenden Preisen
- landwirtschaftliche Betriebe mussten wegen Verschuldung aufgeben
- → Banken verloren Kredite → Zahlungsfähigkeit sank
- Produktion in Autoindustrie auch größer als Kaufkraft
- Überproduktionskrise
- Aktienhandel zunächst nicht betroffen
- **Rezession**: Rückgang des Wirtschaftswachstums

Börsencrash:
- Sommer 1929: Kursschwankungen wurden häufiger
- Meldungen über unseriöse Geschäfte→ Vertrauen in Börsen erschüttert
- Mittwoch, 23. Oktober 1929 begann Verkaufswelle
- **24. Oktober: Schwarzer Donnerstag:** jeder wollte verkaufen

Bankenkrise:
- Finanzsektor ist von entscheidender Bedeutung für Wirtschaft
- Notenbank muss Stabilität der Währung garantieren
- Kreditausfälle durch zusammenbrechende Unternehmen
- jede dritte amerikanische Bank muss schließen
- Banken waren nicht mehr zu Risiken bereit

Depression:
- auch gesunde Unternehmen mussten Produktion einschränken
- Arbeitskräfte wurden entlassen
- 1933: Tiefpunkt → Bankensystem droht zusammenzubrechen
- fast jeder vierte Arbeitnehmer arbeitslos
- Konsumnachfrage sank (sparen)

Maßnahmen Hoovers (Präsident ab 1929):
- setzt auf **Selbstheilungskräfte des Marktes**
- direkte Hilfe & massive Eingriffe der Regierung in Wirtschaft untersagt
- Zollerhöhungen von 30% (**Smoot-Hawley-Tariff**) → Strangulierung des Welthandels, beschleunigt Krise
- **Arbeitsbeschaffungsprojekte** (Bsp. Hoover Dam)
- **Federal Farm Board** → will landwirtschaftliche Überproduktion drosseln
- **Reconstruction Finance Corporation** → zur Stützung des Bankwesens
- Hoover-Moratorium: Aussetzung der Reparationszahlungen f. DR
- → zu späte Maßnahmen
- → Eindruck von Passivität und Konzeptlosigkeit
- → kein erkennbares Mitleid mit den Menschen
- → Hunger und Überfluss existierten nebeneinander

New Deal:
- 1933: Franklin D. Roosevelt wird Präsident
- sofortiger Eingriff in Bankenwesen
- gibt ca. 30 Mio. Leuten Arbeit → Arbeitsbeschaffungsprogramm März
- Works Progress Administration errichtete tausende von Gebäuden etc.
- Hilfsmaßnahmen für Landwirtschaft
- direkte Fürsorgezahlungen
- Produktion, Preise und Löhne sollen stabilisiert werden
- Recht zu Tarifverhandlungen, Höchstarbeitszeiten, Mindestlöhne, Verbot von Kinderarbeit, Arbeitslosenversicherung und Rente (1935)
- → große Depression wurde durch New Deal beendet aber kein großer wirtschaftlicher Aufschwung erzielt

Industriegüterproduktion im Deutschen Reich:

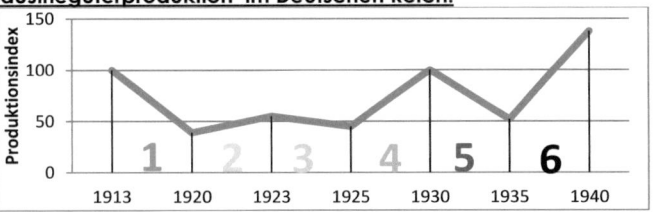

1. Erster Weltkrieg
   - eingeschränkter internationaler Handel
   - Niederlage
   - Einstellung der Kriegsgüterproduktion am Ende
2. Ende des Weltkrieges
   - geringe Zerstörung
   - Anstieg der Friedensgüterproduktion
   - Finanzierung durch Kredite
3. Reparationszahlungen
   - Inflation bis hin zur Hyperinflation
4. Wirtschaftsboom
   - Währungsreform
   - geordnete Reparationen
   - verstärkte Zunahme von US-Krediten
5. Weltwirtschaftskrise
6. Machtübernahme Hitlers
   - nationalsozialistische Wirtschaftspolitik
   - Aufrüstung
   - Abbau der Arbeitslosigkeit → verstärkte Nachfrage & Konsum
   - allgemeiner wirtschaftlicher Auschwung

Wirtschaftskrise im Deutschen Reich:
- nach 1. Weltkrieg: Inflation, Schwächung der Wirtschaft
- 1925: Währungsreform (Stabilität und Aufschwung)
- 1928: erste Anzeichen einer Krise
- 1929: Kündigung der amerikanischen Kredite → Konkurswelle
- Massenarbeitslosigkeit, soziales Elend → Lebenskatastrophe
- Anfang 1931: Glaube, Krise sei zu Ende
- Sommer 1931: Bankenkrise → Glaube zerstört

Deflationspolitik Brünings:
- **Deflationspolitik**: auf Senkung der Kosten und Preise ausgerichtet
- Heinrich von Brüning: 30. März 1930
- Ziel: ausgeglichener Staatshaushalt
- Maßnahmen: vermindert Staatsausgaben, Abbau von Sozialleistungen, Steuererhöhungen
- Folgen: weniger Konsum wegen Geldmangel, Einschränkung der Investitionen, → Massenarbeitslosigkeit
- → Verschärfung der wirtschaftlichen Lage
- Politik des Durchhungerns und des Sparens um jeden Preis
- sagt, Reparationszahlungen haben Selbstheilungskräfte des Marktes außer Kraft gesetzt (Kl. Liberalismus)

Aufstieg der Nationalsozialisten:
- politische Krise der Weimarer Republik ab 1930
- **Große Koalition (SPD)** scheiterte
- Deflationspolitik schwächte Vertrauen in den Staat
- bereitete Weg für politische Radikalisierung und somit **NSDAP**
- NSDAP nach 1. Weltkrieg gegründet (stieg zur Massenbewegung auf)
- Glaube das Weimarer System müsse beseitigt werden & nur Hitler sei in der Lage nationalen Wiederaufstieg durchzusetzen
- Reichspräsident Hindenburg setzte Artikel 48 in Kraft um NSDAP nicht an die Macht kommen zu lassen
- **Artikel 48:** (der Weimarer Verfassung) Notverordnungsrecht → Hindenburg konnte Grundrechte außer Kraft setzen & Gesetze erlassen

- 1932: Franz von Papen Reichskanzler → Steuererleichterungen etc.
- Hitler verknüpfte Arbeitsbeschaffung mit Aufrüstung
- ab 1933: **Ermächtigungsgesetz** → einzige Partei war NSDAP

Zeittafel

1914-1918:	Erster Weltkrieg
1921:	Festsetzung der Reparationszahlungen
1922-1929:	Wirtschaftsaufschwung in den USA
1924:	Dawes-Plan → vorläufige Regelung der Reparationsfrage
1929:	Young-Plan → abschließende Regelung der Reparationsfrage
	Herbert Hoover (Republikaner) wird Präsident
	Börsencrash am 24.10.
	Beginn der Weltwirtschaftskrise
1930:	Brüning wird Reichskanzler (27.03.)
	NSDAP gewinnt an Stimmen
	Smoot-Hawley-Tariff → hohe Einfuhrzölle in die USA
1931:	Beginn der Bankenkrise in Deutschland
	Hoover-Moratorium: Aussetzung der Reparationszahlungen
1932:	Höhepunkt der Arbeitslosigkeit in Deutschland
	Franz von Papen neuer Reichskanzler
	12.09. Auflösung des Reichstags
1933:	New Deal
	30.01. Hitler wird Reichskanzler
	Ausbau der Rüstungsindustrie
1935:	Social Security Act
1939-1945	Zweiter Weltkrieg

DIE FRANZÖSISCHE REVOLUTION

Ursachen
- Beseitigung von absolutistischer Herrschaftsordnung
- Forderung nach politischer Gleichberechtigung des dritten Standes
- Dritter Stand musste komplette Steuerlast tragen
- Starke Lebensmittelknappheit → drastischer Anstieg von Brotpreisen
- Feudale Rechte des Adels, u.a. Leibeigenschaft

Die Phasen der Revolution und ihre Träger
- König Ludwig XVI hat kein Geld mehr → beruft Generalständeversammlung ein (alle drei Stände)
- 300 des 1. Standes; 300 des 2. Standes; 600 des 3. Standes
- Streit: Nach Köpfen oder nach Ständen entscheiden?
- Mai 1789: 3. Stand erklärt sich zur Nationalversammlung
- 20. Juni 1789: Schwur von Versailles: Nationalversammlung löst sich erst dann auf, wenn eine neue Verfassung beschlossen wurde
- Adel fordert Militär gegen 3. Stand →
- 14. Juli 1789 Sturm auf die Bastille (Volksaufstände)
- August 1789 Erklärung der Menschen und Bürgerrechte (Abschaffung der Privilegien der ersten beiden Stände/ Auflösung der Leibeigenschaft; Feudalherrschaft wird abgeschafft)
- 1791 Neue Verfassung: konstitutionelle Monarchie
- 1792: radikale Phase der Revolution
- 1792: Abschaffung der Monarchie (Frankreich wird zur Republik)
- 1793-1794: Terrorherrschaft unter Robespierre (Jakobiner-Herrschaft)

- 21.01.1793: König Ludwig XVI wird hingerichtet (nach Fluchtversuch)
- Frankreich zog in den Krieg („Koalitionskriege)
- Napoleon stieg zum General auf, führte erfolgreich Kriege
- 1794: Enthauptung Robespierre
- 1795-1799: Neue Verfassung → parlamentsähnlich, eingeschränktes Wahlrecht
- 1799: Napoleon putscht & verabschiedet Konsulatsverfassung
- 1803: Machtübernahme & Krönung zum Kaiser
- wollte französisches Imperium schaffen
- wollte England wirtschaftlich von Europa isolieren
- England war aber nicht drauf angewiesen
- Napoleon in Russland gescheitert
- putschte noch einmal und wurde in Waterloo geschlagen
- Altes Herrschergeschlecht wurde wieder eingesetzt
- REVOLUTION WURDE FÜR BEENDET ERKLÄRT
- (Wichtig: Freiheit, Gleichheit und Brüderlichkeit)

Die Verfassungen der Französischen Revolution:

	1791	1793 (suspendiert)	1795	1799
Exekutive	an das Gesetz gebundener König	Rat aus 24P., von NV gewählt	Rat aus 5P., jährlich, ernennen Minister	3 Konsuls, ernennen alle Beamte
Legislative	gewählte Nationalver-sammlung	Versammlung, auf ein Jahr gewählt	Rat der Alten (250P) & Rat der 500	Senat v. Napoleon gewählt
Judikative	gewählte, unabhängige Richter	gewählte, unabhängige Richter	gewählte, unabhängige Richter	unabhängige Richter
Bürger	Wahlrecht Männer (25+)	Männer (21+), Verfassung ändern	Männer + 21 die Steuern zahlen	allgemeines Wahlrecht f. Männer
Menschen- & Bürgerrechte	Gleichheit, Freiheit, Eigentum	Gleichheit vor Freiheit, Recht auf Hilfe	Pflichten, Gleichheit, keine Hilfe	

Ausstrahlung der Französischen Revolution auf Deutschland
- Nachahmung: Reformpolitik im Rheinbund & in Preußen
- Grund- und Menschenrechte in Europa
- Vorbild: Wie kann man eine neue Gesellschaft konstituieren
- in Deutschland gab es nie eine solche Revolution

Konzepte und Theorien zu Transformationsprozessen

Zusammenfassung Geschichte, 2. Semester

THEORIEN ZU KULTURKONTAKT & KULTURKONFLIKT

Urs Bitterli

Kulturberührung
- von kurzer Dauer
- erstmaliges Treffen zweier Kulturen
- Verständigung durch Zeichensprache & Mimik
- Geschenke zur Annäherung
- kann freundlich verlaufen

Kulturzusammenstoß
- negativer Umschwung nach Kulturberührung (in meisten Fällen)
- bedroht kulturelle Existenz des Schwächeren
- führt besonders auf Inseln oft zu Auslöschung der Einheimischen
- häufigste Ursache: Besitzaneignung
- Diskriminierung der Fremdkulturen

Kulturbeziehung
- positiver Umschwung nach Kulturberührung
- dauerndes Verhältnis auf Gleichgewicht der Macht basierend
- oft durch Warenaustausch bestimmt
- kann schnell in Kulturzusammenstoß umschlagen

Akkulturation
- bei dauerhaftem Kontakt der Kulturen
- Kulturen eignen sich Teileigenschaften der anderen Kultur an

Samuel P. Huntington
- nächster Weltkrieg ist ein Krieg zwischen Kulturen
- Zivilisation: gleiche Sprache, gleiche Bräuche, gleiche Geschichte
- Nationalstaat ist nicht mehr Quelle der Identität
- acht große Kulturen:
  - westliche
  - islamische
  - chinesische
  - japanische
  - hinduistische
  - slawisch-orthodoxe
  - lateinamerikanische
  - afrikanische
- Bruchlinien liegen entlang der islamischen Welt (blutige Grenzen)
- Menschen identifizieren sich mit ihrer Kultur, wollen sie durchsetzen
- Kulturkreise sind dauerhaft & langlebig

Hans Küng (gegen Huntingtons Grundthese)
- Staatsgrenzen können uralte kulturelle, religiöse Grenzen nicht ersetzen
- Gegensätze innerhalb des Islams sind oft größer als zum Westen
- neusten Kriege oft zwischen Rivalen gleicher Zivilisationen
- Allianz zwischen unterschiedlichen Kulturen
- Zivilisationen & Kulturen überlappen sich
- Huntingtons Theorie ignoriert die Gemeinsamkeiten
- → ein Kampf der Kulturen ist nicht unvermeidlich!

KONZEPTE ZUR ERKLÄRUNG VON BEDINGUNGEN, FORMEN & FOLGEN VON MIGRATION

Jochen Oltmer
- Migration bezeichnet räumliche Verlagerung des Lebensmittelpunkts
- durch neue Kommunikationsarten gab es immer mehr und genauerer Informationen über Zielgebiet → motivierten zum Auswandern

Unterschiedliche Arten:
- Arbeitswanderung
- Siedlungswanderung
- Bildungswanderung
- Kulturwanderung
- Heiratswanderung
- Wohlstandswanderung
- Zwangswanderung

Wanderungsintentionen
- ökonomische Chancen
- Verbesserung d. Gesellschaft
- neuer Arbeitsplatz
- Heirat
- persönliche Ziele
- religiöse Gründe
- politische Gründe
- Hoffnung auf Verbesserung

→Intention und Ergebnis waren oft unterschiedlich

Zwangswanderungen
- Nötigung zur Migration
- Flucht vor Gewalt
- rassistische Gründe
- politische Gründe
- Vertreibung
- Deportation
- Umsiedlung
- oft mit Zwangsarbeit verbunden
- Ergebnis von Krieg etc.

Reinhard Wendt
- freiwillige & erzwungene Migration
- freiwillig:
  - von Boom profitieren
  - ökonomische Chancen wahrnehmen
- erzwungen:
  - Sklaven (Bsp. von Afrika nach Europa/Amerika)
  - werden verschleppt & als Ware behandelt

MODELLE ZU TRANSFORMATIONSPROZESSEN

- Umbrüche in der Geschichte

Ecole des Annales
- Unterscheidung zwischen verschiedenen Zeitschichten mit verschiedener Geschwindigkeit
  - Ereignisse (rascher Wandel, Bsp. Krieg)
  - Konjunkturen (Auf- und Abschwünge, immer wiederkehrender Zyklus)
  - Strukturen (lang andauernd, prägen Leben der Menschen über große Zeiträume)

Transkulturation (Ortiz)
Drei Phasen des Wandels:
- Gewaltsamer Zusammenstoß (Ungleiche Machtverhältnisse)
- Dekulturation (Kulturverlust & kulturelle Entwurzelung der Beteiligten)
- Neukulturation (Ausbildung neuer kultureller Phänomene)

Merkmale des Modells:
- Beteiligung aller Kulturen

- Aktiver Prozess
- Kultureller, gesellschaftlicher und wirtschaftlicher Wandel bedingen sich gegenseitig

Kritik am Modell:
- Nicht klar trennbare Phasen

SPANISCHER KOLONIALISMUS

Anfänge der europäischen Expansion
- globale Ausweitung
- neue technische Erfindungen
- Entdeckungsfahrten → europäische Expansion
- Selbstbestimmung des Menschen unabhängig kirchlicher Dogmen
- Fund alter geografischer Kenntnisse
- Seehandbücher & erstaunlich exakte Karten wurden erstellt
- Entwicklung von Navigationsinstrumenten
- Fernhandel mit Gewürzen aus Asien blockiert
- Suche nach Westroute nach Asien
- Suche nach Edelmetallen & neuen Sklavenmärkten
- portugiesische und spanische Königshäuser unterstützten Fahrten
- Kreuzzugsidee nach Sieg der christlichen Reconquista:
- Aragon & Kastilien vereinigten sich → wichtigste Seemacht
- begründeten spanische Monarchie → Konkurrenz mit Portugal
- Portugal erforscht östliche Route um Afrika herum

Entdeckung von Amerika
- Christoph Kolumbus (1451 – 1506): 12. Oktober 1492 Insel San Salvador
- aus Kulturberührung wurde Kulturzusammenstoß
- Portugiesen & Spanier teilten Neue Welt unter sich auf
- rechtfertigten alles mit christlichem Missionsgedanken (Papst bestätigt)
- einheimische Bevölkerung ging um 90% zurück
- 1519: Hernán Cortés führte ohne Auftrag Eroberungszüge durch
- von Azteken beherrschte Völker schlossen sich ihm an
- Azteken sahen sie zunächst als Götter an
- 1521: Hauptstadt Tenochtitlán war eingenommen → Sieg
- 1532: Pizarro nimmt letzten Inkakönig Atahualpa gefangen
- erst im 20. Jahrhundert kam es zur Dekolonisation

Vorteile der Eroberer:
- überlegene Militärtechnik (Kanonen, Waffen aus Stahl)
- Kenntnisse in Schiffbau & Navigation
- Schriftsprache zur schnellen Verbreitung von Informationen
- Pferde
- eingeschleppte Infektionskrankheiten töteten Einheimische
- einzige politische Reiche: Azteken & Inkas
- neue Lebensmittel, Handelswege, Sklavenmärkte für Spanien

Nachteile für Einheimische:
- Aussterben der amerikanischen Völker
- Versklavung, Arbeitszwang, Ausbeutung
- Zusammenbruch gesellschaftlicher Strukturen
- Infektionskrankheiten

Religionen
- Christianisierung nur oberflächlich (manche wollten die Religion aber)
- die meisten Einheimischen gaben ihre Religionen nicht auf
- praktizierten beide Religionen nebeneinander („Synkretismus")
- neue christliche Kirchen wurden auf alten heiligen Stätten erbaut
- → nicht eindeutig wer angebetet wurde

Hispanisierung
- alle Untertanen sollten an spanische Lebensweise angepasst werden
- politische Strukturen, Recht und Rechtsprechung, Geldwirtschaft, Transportwesen, Arbeitsweisen, Sprache, Namen, Essgewohnheiten, Architektur, Kleidung, Kunst
- Verbot von Alkohol, Kriegskunst etc.
- → Hispanisierung scheiterte zwar, hinterließ aber eindeutige Spuren

Vergleich Inka und Azteken

	Azteken	Inka
Ort/Lage	Hochtal von Mexiko	heutiges Peru
Hauptstadt	Tenochtitlán	Cuzco
Herrschaftsgebiet	vom mexikanischen Golf bis Pazifik	vom Pazifik (Ecuador) bis Süden Chiles
politische Hierarchie	1.dynastischer Herrscher (Tlataoni) 2.Adel (bes. Rechte) 3.Bauern & Bürger 4.Sklaven (Handelware)	1.absoluter Herrscher (Sapã Inka) 2.Adel (bes. Rechte) 3.Bauern & Bürger 4.besitzloses Volk
Religion	verschiedene Götter	Naturgötter
Opfer	Tiere & Menschen	keine Menschenopfer
Infrastruktur	Straßen, Brücken, Wasserleitungen, Boote, Kanalsysteme, keine Wagen/Zugtieren, Terrassenanlagen	Straßen, Brücken, Boten, Wasserleitungen, Lamas & Alpakas, Städte, keine Wagen/Zugtiere, Festungsanlagen
Menschenrechte	geringe Beachtung: Menschenopfer & Sklavenhaltung, Ausbeutung v. Völkern	starke Beachtung: Unfreie mit Rechten, Integration v. eroberten Völkern

Maja:
- Süd und Süd-Ost Mexico
- Schrift & Kalender
- Mathematikkenntnisse
- Kunsthandwerk
- Malerei
- Gold, Silber, Kupfer
- Stufenpyramiden
- Demokratie (Wahl)
- Ackerbau (Mais)
- Handel zw. Städten
- Bewässerungssysteme
- 4 Schichten

- Rituale & Zeremonien
- Menschenopfer
- viele Götter

Staatenbildung in Lateinamerika (nach Peer Schmidt)
- alte Kolonialsysteme brachen zusammen
- Staaten erklärten sich für unabhängig
- Abschluss: Mitte des 19. Jahrhunderts
- Lateinamerikaner waren nicht auf Unabhängigkeit vorbereitet
- bisheriges System schloss Lateinamerikaner von politischer Macht aus
- Streit über neue Regierungsform (Monarchie oder Republik)
- Kirche in Staat und Gesellschaft –ja oder nein?
- zahlreiche Bürgerkriege & Grenzstreitigkeiten

Wurzeln unserer Identität

Zusammenfassung Geschichte, 3. Semester

Deutungen des deutschen Selbstverständnisses im 19. & 20. Jahrhundert
Der deutsche Sonderweg
- These zur Erklärung, wie es zu Diktatur & Holocaust kommen konnte
- anderer Weg in die Moderne als restliche Staaten
- Deutsche feierten bereits vorher Abgrenzung von Frankreich
- Militär wurde wichtig
- Sonderweg zunächst als positiv betrachtet
- durch Erfahrungen der NS-Diktatur im Nachhinein negativ betrachtet
- Grundlage: deutsches Sonderbewusstsein → Unterscheidung vom Westen
- Ablehnung d. französischen Revolution → keine eigene Revolution
- aggressiver Nationalismus (vorher zersplittertes Deutschland)

Winkler:
- hält an These fest
- erst mit Wiedervereinigung 1990 Abschluss zur Demokratie
- gescheiterte 48er Revolution wurde endlich verwirklicht
- Deutsche kamen viel später zum Nationalstaat
- Reichsmythos vom Römischen Reich → Deutschland wollte so sein
- Hitler verband seine Ziele mit großdeutscher Idee → Erfolg

Kritik
Horst Möller:
- historischer Sonderweg setzt voraus, das es Normalweg gäbe
- jeder hat Sonderweg beschritten

Nation – Begriff und Mythos
Was ist eine Nation?
- Volk mit gleicher Sprache, Geschichte, Kultur und Recht → Verbundenheit
- gegen Ständegesellschaft
- Nationalismus: Glorifizierung der eigenen Nation, Ausgrenzung anderer
Nationen und Mythen
- Herkunft eines Volkes oft mit Ursprungsmythos verbunden

- Bsp: Deutsche stammen von Germanen ab → Nationalmythos
- politische Mythen wirken durch Emotionalität → mobilisieren die Menschen
- weitere Mythen: Singen der Nationalhymne, Hissen der Nationalflagge
- drücken nationale Identität aus

Münkler:
- politische Mythen spielen in allen Nationen eine wichtige Rolle
- bis 1871 waren alle Erwartungen des Volkes auf Mythen basiert
- nach 2. WK wollte man davon nichts mehr wissen
- DDR errichtete neues Mythensystem
- BRD: Konsummythen als Kaufanreiz

Hintergründe & Inhalte der NS-Ideologie
Nationalismus
- populär geworden im 19. Jhrdt
- nationalistische Vorstellungen immer aggressiver & gepaart mit Rassismus
- Nationalsozialisten: stärkste Gegner der Weimarer Republik

Rassismus & Antisemitismus
- natürliche Auslese der Arten (Darwin) wurde stark vereinfacht & auf Rassen der Menschen angewendet
- menschenverachtende Ideologie
- nordische, arische Rasse sei die wertvollste
- Reinhaltung der Rasse→ Ausgrenzung & Verfolgung von Minderheiten
- Juden seien keine religiöse Gruppe sondern eigene Rasse
- durch Rassenwahn unterschied sich Judenhass von früherem Antisemitismus

Stationen des Holocausts
- kurz nach Machtergreifung entstanden KZs Dachau & Oranienburg
- 01. April 1933: jüdische Unternehmen, Geschäfte & Praxen boykottiert
- 26. April 1933: Gestapo wird gebildet
- 07. April 1933: Gesetz zur Wiederherstellung des Berufsbeamtentums schließt Juden vom Staatsdienst aus
- ab 1935 nicht nur politische Gegner, auch Minderheiten
- Experimente in KZs
- 15. September 1935: Nürnberger Gesetze entziehen Juden staatsbürgerliche Rechte & verbieten Eheschließung zwischen Ariern &Juden
- ab 1938 wurden Pässe mit J gestempelt
- 09./10. November 1938: Novemberpogrom:
  o hunderte Synagogen in Brand gesteckt
  o jüdische Geschäfte & Wohnungen zerstört
  o 30 000 in KZs gebracht
  o viele starben an Folgen oder nahmen sich das Leben
  o Zwang, für den Schaden zu zahlen → finanzieller Ruin
- 12. November 1938: Verordnung zur Ausschaltung von Juden aus dem deutschen Wirtschaftsleben
- 03. Dezember 1938: jüdische Vermögen werden eingezogen
- Ausgangsverbote, keine öffentlichen Schulen, Theater, Kinos, Cafés
- kein Gas oder Strom
- ab 15. September 1941: Judenstern

Emigration
- über eine halbe Million Menschen flohen
- Höhepunkt nach Novemberpogrom
- andere Länder verschärften Aufnahmebedingungen
- bis 1939 75 000 Flüchtlinge nach England (10 000 elternlose Kinder)

- ab 1941: Ausreiseverbot

Nationalsozialistische Ideologie der „Volksgemeinschaft"
- durch gemeinsames, deutsches Blut bestimmt
- bei Germanen (Mythos) habe es keine Klassenschranken gegeben → alle Klassen- Gruppen- und Parteiinteressen beseitigen um Einheit zu erlangen
- nur von minderwertigen Rassen gereinigtes Volk kann Volksgemeinschaft sein
- Erziehung durch Propaganda

„Führer" und Volk
- Führer & Gefolgschaft
- Interessen dem Gemeinwohl (bestimmt von Hitler) unterordnen
- Hitler allein bestimmt, wer politische Macht erlangen soll
- Inszenierung von Führerkult
- Bilder in allen Amts- und Schulräumen und Wohnungen
- Heil Hitler als deutscher Gruß
- Hitler als Idealbild
- Liberalismus & Marxismus als jüdische Erfindungen abgetan

Ziele der NSDAP (Rede Hitlers, 24.02.1920)
- Zusammenschluss aller Deutschen zu einem Großdeutschland
- Aufhebung der Friedensverträge
- mehr Land und Boden zur Ernährung
- Staatsbürger kann nur ein Volksgenosse (deutschen Blutes) sein
- kein Jude kann Staatsbürger/Volksgenosse sein
- jedes öffentliche Amt darf nur Staatsbürger beschäftigen
- keine Einwanderung Nicht-Deutscher & Ausweisung
- mehr soziale Maßnahmen wie Altersvorsorge
- Kampf gegen Volksverbrecher durch Todesstrafe
- sämtliche Mitarbeiter von Zeitungen müssen Volksgenossen sein
- Verbot von jeglicher Propaganda anderer Interessen
- Absicht gegen Juden & Opposition wird bereits deutlich, spricht aber Arbeiter geschickt an

Stationen der Machterrichtung / Gleichschaltung

Datum	Ereignis
1933	
30.01.	Ernennung Hitlers zum Reichskanzler
01.02.	Auflösung des Reichstags & Ansetzung von Neuwahlen für den 05.03.
04.02.	Verordnung zum „Schutz des deutschen Volkes" nach Art. 48 der Weimarer Verfassung → Einschränkung v. Presse- & Versammlungsfreiheit
27.02.	Reichstagsbrand
28.02.	Verordnung zum „Schutz von Volk und Staat" nach Art. 48 der Weimarer Verfassung → setzt wesentliche Grundrechte außer Kraft
05.03.	Reichstagswahlen (absolute Mehrheit) Beginn der „Gleichschaltung": Beseitigung der Selbstverwaltungsrechte der Länder
21.03.	Tag von Potsdam: Propagandistische Inszenierung
23.03.	Ermächtigungsgesetz: Gesetz zur „Behebung der Not von Volk und Reich" nach Artikel 48-76 der Weimarer Verfassung
31.03.	„Gleichschaltung der Länder mit dem Reich" → Auflösung aller Landtage und kommunalen Selbstverwaltungen (Regierungsbeschluss)
01.04.	Judenboykott

07.04.	Gesetz zur „Wiederherstellung des Berufsbeamtentums"→ nicht arische Beamte werden entlassen (Regierungsbeschluss)
26.04.	Bildung der Gestapo
02.05.	Auflösung von Gewerkschaften
Juni	Selbstauflösung der Parteien
14.07.	Gesetz „gegen die Neubildung von Parteien" → einzige Partei: NSDAP
04.10.	Schriftleitergesetz: Ganze Presse muss der NS-Herrschaft dienen
1934	
14.02.	Gesetz „über die Aufhebung des Reichsrates"
Juni	Beseitigung der innerparteilichen Opposition (Röhm- Putsch)
03.07.	nachträgliche Legalisierung von Morden als Staatsschutz
02.08.	Tod Hindenburgs, Hitler wird Reichspräsident → Hitler als Führer & Reichskanzler

Widerstand
Aus der Arbeiterbewegung:
KPD:
- Demonstrationen, Massenaufstände
- Widerstandskämpfer oft auf sich alleine gestellt

SPD:
- Überparteilich organisierter Widerstand unter Beteiligung von Gewerkschaften
- Legale Opposition wird aufgegeben

Aus der Kirche:
Evangelische Kirche:
- Aufrufung zu Verweigerung
- Predigten
- Pol. Meinungsbildung

Katholische Kirche:
- Bis 1933: Ablehnung des Systems
- Danach: Aufruf zur Loyalität mit Regime
- Protestschreiben + Predigten

Militärischer Widerstand:
- Zuerst: nur kritische Äußerungen
  - → Widerstandsformulierung schwierig aufgrund militärischen Eides
- März 42/43: erste Widerstandsgruppen (jedoch erfolgslos)

Stauffenberg:
- Attentat vom 20.07.1944
- Vermeidung weiterer Kriegsopfer
- Wiederherstellung der Ehre
- Eigene deutsche Abrechnung mit Nazi- Verhalten

Geschichts- & Erinnerungskultur

Zusammenfassung Geschichte, 4. Semester

Kernmodul: Geschichts- und Erinnerungskultur
• Theorien zu Geschichtsbewusstsein und Geschichtskultur (u. a. J. Assmann)

- Formen historischer Erinnerung
- Funktion von und Umgang mit historischer Erinnerung

Wahlmodul 2: Nationale Gedenk- und Feiertage in verschiedenen Ländern
- Formen der Gestaltung von Gedenk- und Feiertagen in Geschichte und Gegenwart
- Dekonstruktion nationaler Gedenk- und Feiertage (z. B. 9. November in Deutschland, 14. Juli in Frankreich, 9. Mai in Russland, Holocaust-Gedenktag in Israel)
- Rekonstruktion (z. B. eine Stellungnahme zu einem Gedenktag, Vorschlag für eine alternative Gestaltung eines Nationalfeiertags)